I0540864

AUTORE

Luigi Manes (18 luglio 1966) ha già pubblicato tre volumi: "Il carro armato Sherman nel teatro bellico europeo" (Soldiershop Publishing, 2019), "Italia 43-45 – I mezzi delle unità cobelligeranti" (Mattioli 1885, 2018) con Paolo Crippa e "Carri armati Sherman in Sicilia" (Edizioni Ardite, 2018) con Lorenzo Bovi. Ha inoltre realizzato vari articoli per la rivista di modellismo militare "Steel Art" e per il sito "ModellismoPiù". Da sempre interessato alla storia della Seconda Guerra Mondiale, nutre una grande passione per il carro armato medio Sherman, sia dal punto di vista storico sia da quello tecnologico.

AUTHOR

Luigi Manes (18 July 1966) has already published three books: "The Sherman medium tank in the European theatre of operations" (Soldiershop Publishing, 2019), "Italy 43-45 – AFV's and MV's of co-belligerent units" (Mattioli 1885, 2018) with Paolo Crippa and "Carri armati Sherman in Sicilia" (Edizioni Ardite, 2018) with Lorenzo Bovi. He has written various articles, both for the military modeling magazine "Steel Art" and the website "ModellismoPiù". Always interested in the history of the Second World War, he has a great passion for the Sherman medium tank from an historical and technological point of view.

PUBLISHING'S NOTES

None of unpublished images or text of our book may be reproduced in any format without the expressed written permission of Luca Cristini Editore (already Soldiershop.com) when not indicate as marked with license creative commons 3.0 or 4.0. Luca Cristini Editore has made every reasonable effort to locate, contact and acknowledge rights holders and to correctly apply terms and conditions to Content.

Every effort has been made to trace the copyright of all the photographs. If there are unintentional omissions, please contact the publisher in writing at: info@soldiershop.com, who will correct all subsequent editions.

Our trademark: Luca Cristini Editore©, and the names of our series & brand: Soldiershop, Witness to war, Museum book, Bookmoon, Soldiers&Weapons, Battlefield, War in colour, Historical Biographies, Darwin's view, Fabula, Altrastoria, Italia Storica Ebook, Witness To History, Soldiers, Weapons & Uniforms, Storia etc. are herein © by Luca Cristini Editore.

LICENSES COMMONS

This book may utilize part of material marked with license creative commons 3.0 or 4.0 (CC BY 4.0), (CC BY-ND 4.0), (CC BY-SA 4.0) or (CC0 1.0). We give appropriate attribution credit and indicate if change were made in the acknowledgments field. Our WTW books series utilize only fonts licensed under the SIL Open Font License or other free use license.

For a complete list of Soldiershop titles please contact Luca Cristini Editore on our website: www.soldiershop.com or www.cristinieditore.com. E-mail: info@soldiershop.com

Titolo: **LE CINGOLETTE BRITANNICHE DELLA SECONDA GUERRA MONDIALE** Code.: **WTW-006 IT**
Di Luigi Manes.
ISBN code: 978-88-93275033 prima edizione Dicembre 2019

Lingua: Italiano Nr. di immagini: 151 dimensione: 177,8x254mm Cover & Art Design: Luca S. Cristini

WITNESS TO WAR (SOLDIERSHOP) is a trademark of Luca Cristini Editore, via Orio, 35/4 - 24050 Zanica (BG) ITALY.

WITNESS TO WAR

LE CINGOLETTE BRITANNICHE DELLA SECONDA GUERRA MONDIALE

PHOTOS & IMAGES FROM WORLD WARTIME ARCHIVES

LUIGI MANES

SOLDIERSHOP PUBLISHING

BOOKS TO COLLECT

INDICE

LE CINGOLETTE BRITANNICHE DELLA SECONDA GUERRA MONDIALE

Le cingolette britanniche genericamente note con il termine Carrier sono certamente da annoverare tra i mezzi più rappresentativi della Seconda Guerra Mondiale. Questi piccoli cingolati, declinati in molteplici versioni, ebbero origine dalle tankette realizzate in Gran Bretagna negli anni Trenta. Più precisamente, i Carrier furono il risultato del lavoro di sviluppo condotto sui trattori leggeri di artiglieria Dragon dalla Vickers-Armstrong, diretto ad ottenere un veicolo che fosse in grado non solo di trainare un pezzo di artiglieria ma anche di trasportare una mitragliatrice e i relativi serventi. Realizzati soprattutto per garantire la necessaria mobilità al fucile mitragliatore Bren, questi mezzi, costruiti in grandi quantità, furono anche impiegati per l'esplorazione, l'osservazione di artiglieria e il traino di cannoni controcarro.

GLI SVILUPPI INIZIALI

Nel periodo immediatamente successivo alla Prima Guerra Mondiale, emerse la necessità di incrementare la mobilità delle fanterie e dei loro armamenti più pesanti, quali i mortai e le mitragliatrici. In Gran Bretagna, il primo passo in questa direzione fu compiuto nel 1925, allorquando il maggiore Giffard Le Quesne Martel decise di cimentarsi nella costruzione di una tankette con equipaggio formato da un solo uomo, avvalendosi di materiali di varia provenienza e a proprie spese. Prontamente presentato al War Office, il veicolo fu sottoposto a delle prove che diedero esito positivo e aprirono la strada alla produzione di versioni con uno e due uomini di equipaggio da parte della Morris Motors e della Crossley Motors. Un'iniziativa analoga a quella di Martel fu intrapresa nel medesimo periodo dal capitano John V. Carden. Anch'egli infatti realizzò un mezzo cingolato manovrabile da un solo uomo, mosso da un propulsore Ford Modello T. All'inizio degli Anni '20, Carden si era unito all'ingegnere Vivian G. Loyd nella gestione di una grande officina londinese per poi fondare la Carden-Loyd Tractors, società impegnata nello sviluppo di veicoli cingolati destinati all'uso militare. Il MK VI, definitivo modello della tankette Carden-Loyd, fece la propria apparizione nel 1928, anno in cui l'impresa fu acquisita dalla Vickers-Armstrong. Sebbene destinata principalmente a ospitare una mitragliatrice, la Carden Loyd MK VI fu adattata al traino di artiglierie e al trasporto di mortai e dispositivi lanciafumogeni. Prodotta in quantità apprezzabili, questa cingoletta leggermente corazzata fu oggetto di ulteriori sviluppi che avrebbero in seguito condotto alla realizzazione di due distinte classi di mezzi, i carri armati leggeri e i trattori leggeri di artiglieria. Questi ultimi, meglio conosciuti come Dragon, denominazione ricavata dalla contrazione del termine 'drag gun' (coniata per evidenziarne il ruolo primario), furono destinati sia al traino dei pezzi e dei relativi carrelli portamunizioni sia al trasporto degli artiglieri. Il prototipo del Light Dragon MK III fu dotato di un motore Ford V8, la potenza del quale era trasferita all'assale posteriore del veicolo. Il pilota del cingolato usufruiva di un volante che azionava un'asta tubolare trasversale e scorrevole, fissata al corpo delle sospensioni anteriori poste su entrambi i lati. Girando il volante a destra o a sinistra, l'asta tubolare spostava lateralmente i due carrelli anteriori, incurvando i cingoli e consentendo al mezzo di svoltare con una discreta gradualità. Imprimendo maggiore forza sul volante era possibile ottenere sterzate più strette poiché tale azione frenava la ruota motrice posteriore sull'uno o sull'altro lato. Ad eccezione delle cingolette Loyd e T16, su tutti i modelli di Carrier fu adottato tale ingegnoso meccanismo di sterzatura. Nel 1934, la Vickers-Armstrong elaborò un nuovo prototipo, il VA D50, impiegabile alternativamente come trattore di artiglieria o veicolo cingolato armato di mitragliatrice media Vickers e provvisto di sospensioni Horstmann dello stesso tipo di quelle montate sui più recenti Dragon. Dal VA D50 fu ricavato un nuovo mezzo corazzato armato di mitragliatrice, l'Armoured Machine Gun Carrier, a sua volta utilizzato come base per un ulteriore prototipo, il 'General Scout Vehicle', armato con un fucile mitragliatore Bren e un fucilone controcarro Boys. Nell'aprile del 1936, la Vickers-Armstrong fu incaricata della produzione di 13 nuovi cingolati, ufficialmente denominati Armoured Machine Gun Carrier No 1 MK I. Alcuni di essi furono adattati a ruoli differenti e, in particolare, un esemplare fu modificato per realizzare una versione migliorata, l'Armoured Machine Gun Carrier No 1 MK II, armata con una mitragliatrice Vickers installata in una più ampia postazione del mitragliere, protesa verso l'anteriore del mezzo. I produttori di questo veicolo furono la Sentinel Waggon, la Nuffield, l'Aveling-Barford, la Thornycroft e, naturalmente, la Vickers-Armstrong che nel 1937 sfornò un ennesimo prototipo. Si trattava in questo caso del Cavalry Carrier, concepito per trasportare 8 uomini e trainare un pezzo di artiglieria. L'intera produzione di questa nuova cingoletta, limitata a soli 50 esemplari, fu esclusivo appannaggio della Nuffield. Diversi Cavalry Carrier furono impiegati in Francia nel 1940 dal Corpo di Spedizione Britannico.

▼ La tankette Morris-Martel nella versione con due uomini di equipaggio. Collezione privata

▲ Una delle prime tankette Carden-Loyd con due uomini di equipaggio. L'armamento del veicolo consiste in una mitragliatrice Lewis. Collezione privata

▼ La cingoletta Carden-Loyd MK VI fu uno dei più famosi mezzi corazzati del periodo tra le due guerre mondiali. Il veicolo di questa fotografia è armato con una mitragliatrice Vickers. Collezione privata

▲ Un trattore cingolato Light Dragon MK IIC. Alcuni reparti della Royal Horse Artillery ebbero modo di impiegare un limitato numero di mezzi di questo tipo in Francia, nel 1940. Collezione dell'autore

▼ Questa immagine mostra un trattore cingolato Light Dragon MK III con telone abbassato. Il Corpo di spedizione britannico, schierato in Francia nel 1940, ricevette 48 Dragon MK III. Quasi tutti andarono distrutti o abbandonati . Collezione privata

▲ Il VA D50 (Vickers-Armstrong Dragon 50), armato con una mitragliatrice Vickers. Collezione dell'autore

▼ Un'immagine più unica che rara del 'General Scout Vehicle' ottenuto per mezzo delle modifiche apportate a un Machine Gun Carrier. Australian War Memorial

▲ Un Armoured Machine Gun Carrier No 1 MK I. Questo veicolo, con guida a destra, è armato con una mitragliatrice Vickers. Si notino le protezioni a beneficio dei fari anteriori e la posizione decisamente bassa della ruota di rinvio. Collezione privata

▼ L'Armoured Machine Gun Carrier No1 MK II presentava una postazione del mitragliere ampia e allungata in avanti, caratteristica ereditata anche da vari modelli successivi, come il Bren Carrier. Pare che almeno una cingoletta del tipo qui ritratto sia stata utilizzata dai britannici in Francia nel 1940. Collezione dell'autore

▲ Il prototipo del Cavalry Carrier. Collezione privata

IL BREN CARRIER

Nel 1935, l'Esercito britannico adottò il Bren, un fucile mitragliatore basato su un progetto cecoslovacco. L'opportunità di rendere mobile questo armamento condusse alla genesi di un nuovo modello di cingoletta, il cui prototipo fu ancora una volta realizzato dalla Vickers-Armstrong. Rigorosamente basato sull'Armoured Machine Gun Carrier, il veicolo fu battezzato Bren Carrier No 1 MK I. Fu invece la Thornycroft a produrre per prima l'iniziale versione standardizzata di questo cingolato, il Bren Carrier No 2 MK I, per effetto della modifica di un precedente contratto avente per oggetto la realizzazione di diversi Armoured Machine Gun Carrier. Il Bren Carrier No 2 MK I, provvisto di motore Ford V8 tipo 79E, fu un piccolo mezzo corazzato destinato ad operare soprattutto in supporto alla fanteria. Il battesimo del fuoco della cingoletta avvenne in Europa nordoccidentale nel 1940. Nonostante fosse possibile azionare il Bren direttamente dal veicolo, tale prassi non era consueta. Di norma i mitraglieri dovevano smontare, portare con sé il mitragliatore e aprire il fuoco, consentendo al Carrier di dirigersi verso una posizione più sicura. In molti i casi, i Bren Carrier furono dotati di un'armamento aggiuntivo, il fucilone controcarro Boys. Il Bren Carrier No 2 MK II si distingueva dal modello MK I per la motorizzazione adottata, sempre un propulsore Ford V8 ma del tipo 79F, fornito di componentistica statunitense.

▲ Vista di tre quarti anteriore di un Bren Carrier No 2 MK I. La ruota di rinvio si trova in posizione più alta rispetto agli Armoured Machine Gun Carrier. Collezione dell'autore

▼ Vista di tre quarti posteriore del Bren Carrier della fotografia precedente. L'attrezzo stoccato sul parafango e sul fianco del mezzo, dall'aspetto vagamente simile a quello di un bastone, serviva a regolare la tensione del cingolo. Si noti anche il tipico pannello incernierato sul retro, a sinistra. Collezione dell'autore

▲ Bren Carrier britannici sostano ai margini della rotabile che collega Bruxelles con Lovanio (Belgio), il 12 Maggio 1940. Sui quattro lati di queste cingolette sono dipinti dei quadrati di colore bianco, insegne di riconoscimento dei mezzi corazzati del Corpo di spedizione britannico. Collezione privata

▼ Un Bren Carrier catturato dalle truppe italiane nel corso delle operazioni dirette alla conquista della Somalia britannica. Lafaruk, settembre 1940. Collezione privata

▲ Il 'census number' di questo Bren Carrier con equipaggio australiano, T 2982, parrebbe indicare la possibilità che il veicolo provenga da un lotto oggetto di un contratto originariamente stipulato per la produzione di Machine Gun Carriers No2 MK I. Egitto, 7 ottobre 1940. Australian War Memorial

▼ Un Bren Carrier australiano fotografato presso Beit Jiria (Palestina), nel luglio 1941. Degni di nota il Bren, la cui canna sporge dall'apertura frontale del compartimento del mitragliere e il fucilone controcarro Boys montato sul veicolo. Australian War Memorial

LO SCOUT CARRIER

Uno degli Armoured Machine Gun Carrier destinati ad essere impiegati per lo sviluppo di nuovi mezzi, servì da modello pilota per lo Scout Carrier, un cingolato da ricognizione equipaggiato con un apparato radio Wireless Set No 11 e armato con un mitragliatore Bren e un fucilone controcarro Boys. I veicoli di serie presentavano una sovrastruttura posteriore invertita e differente rispetto a quella del prototipo. Il compartimento deputato ad accogliere la radio e il relativo operatore era situato dietro il posto di guida, a destra del motore, ed era protetto da corazzature verticali. La maggior parte di queste cingolette giunse in Francia con il Corpo di spedizione britannico e alcune furono utilizzate in Africa settentrionale. La produzione dello Scout Carrier ebbe termine nel gennaio del 1940.

▲ Il prototipo dello Scout Carrier ('census number' T 1834). Collezione privata

▼ Questa fotografia ritrae ANNABELLA, uno Scout Carrier messo fuori combattimento in una imprecisata località francese nella primavera del 1940. Il cingolato era probabilmente in forza alla 1a Divisione Corazzata britannica. US NARA

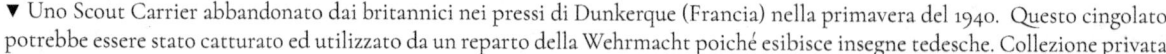

▲ Uno Scout Carrier MK I britannico avanza lungo una strada francese. La sezione superiore della corazza posteriore a protezione del compartimento radio era costituita da un pannello apribile verso l'esterno. Collezione dell'autore

▼ Uno Scout Carrier abbandonato dai britannici nei pressi di Dunkerque (Francia) nella primavera del 1940. Questo cingolato potrebbe essere stato catturato ed utilizzato da un reparto della Wehrmacht poiché esibisce insegne tedesche. Collezione privata

L'UNIVERSAL CARRIER MK I

In Gran Bretagna fu presto evidente che la realizzazione di differenti versioni di cingolette, ciascuna destinata a uno specifico impiego, si sarebbe rivelata un inutile spreco di risorse. Di conseguenza, nel 1940 fu introdotto un tipo 'universale' di Carrier, adattabile a diversi ruoli. Dal punto di vista strutturale, l'Universal Carrier MK I presentava alcune differenze rispetto al suo predecessore, il Bren Carrier. Sebbene la configurazione anteriore rimase sostanzialmente invariata, i due vani posteriori risultarono maggiormente protetti poiché beneficiavano di corazze verticali poste sui fianchi e sul retro. La copertura del motore, sempre sistemato centralmente, fu anch'essa modificata. Complessivamente, furono realizzati quattro modelli, pressoché identici, dell'Universal Carrier MK I. Minime differenze esteriori a parte, la distinzione si basava esclusivamente sulla provenienza del propulsore Ford V8 installato sul cingolato. Più precisamente, i quattro motori adottati erano il britannico 79E 6004 CS o DS (65 hp), gli statunitensi EGAE 6004 US e EGAEA 6004 US (entrambi da 85 hp) e il canadese C01UC 6097 ANH (95 hp), rispettivamente contrassegnati con i numeri 1, 2, 2A e 3. A titolo d'esempio, un MK I prodotto in Gran Bretagna che montava un motore statunitense EGAE 6004 US era qualificato come Universal Carrier No 2 MK I. Aveling-Barford, Ford, Nuffield, Sentinel Wagon, Thornycroft e Wolseley furono i produttori del MK I in Inghilterra. Gli esemplari costruiti in Canada erano definiti MK I* (l'asterisco indicava la produzione canadese). L'armamento principale era generalmente costituito da un fucile mitragliatore Bren e, in aggiunta oppure in sostituzione, da un fucilone controcarro Boys. Nonostante tutti i MK I fossero provvisti di un supporto per l'antenna, di norma solo i veicoli dei comandanti di reparto erano equipaggiati con un apparato radio, un Wireless Set n° 11 o n° 19. La capacità massima di carico della cingoletta, pari a circa 660 kg veniva frequentemente superata. In caso di necessità, gli Universal Carrier furono talvolta impiegati per il traino del cannone anticarro britannico da 57 mm, una funzione alla quale il cingolato doveva essere adibito solo in situazioni di emergenza. Il MK I costituì la base di partenza per lo sviluppo delle successive varianti dell'Universal Carrier.

▲ Questa immagine mostra ANTELOPE, un Universal Carrier MK I armato con un fucile mitragliatore Bren e un mortaio da 50,8 mm. Quest'ultima arma, molto apprezzata per la capacità di sparare granate fumogene, poteva essere azionata dalla copertura posta a protezione del motore del cingolato. Collezione dell'autore

▼ Due Pzkpfw IV tedeschi oltrepassano un Universal Carrier abbandonato che esibisce la cosiddetta mimetica 'Caunter', osservabile anche su due Bren Carrier che appaiono alle pag. 13 e 14 di questo volume. Lo schema in oggetto prevedeva l'utilizzo di tre colori: sulla tonalità di fondo, solitamente il *Light Stone No 61* (una sorta di giallo sabbia) oppure il *Portland Stone No 64* (un crema pallido), venivano stese ampie bande diagonali in *Silver Grey No 28* (di fatto una tinta gialla tendente al verde) e in *Slate No 34* (un grigio verde scuro) o in *Khaki Green G3* (un verde oliva scuro). Africa settentrionale, data sconosciuta. Collezione dell'autore

▲ Soldati indiani a bordo di cingolette MK I nelle vicinanze di Cheren (Eritrea). Il roccioso e impervio antemurale di Cheren fu teatro di un'aspra battaglia combattuta tra le truppe italiane e quelle britanniche dal 2 febbraio al 27 marzo 1941. Collezione privata

▼ Nel 1941 la Gran Bretagna fornì alla Grecia un discreto quantitativo di autocarri, ambulanze e veicoli corazzati. L'esercito ellenico ottenne un centinaio di Universal Carrier MK I che furono quasi tutti distrutti o catturati dai tedeschi. L'esagono di colore chiaro che appare sul fianco destro della cingoletta è l'emblema della 19ª Divisione Motorizzata greca. Si noti la presenza dell'antenna sul mezzo. Collezione privata

▲ Un Universal Carrier MK I provvisto di una copertura corazzata sperimentale precede due Scout Carrier MK I. Gran Bretagna, 1941. Collezione dell'autore

▼Un Universal Carrier in servizio presso le forze della Francia Libera dislocate in Africa settentrionale. Collezione dell'autore

▲ Questo Universal Carrier MK I fotografato a Singapore è armato con due fucili mitragliatori Bren e un fucilone controcarro Boys. Degni di nota i fari anteriori britannici tipo 'Lucas'. US NARA

▼ Un MK I in forza alla guarnigione di Malta traina un carrello carico di bombe da 250 libbre. Un reticolo scuro (in *Khaki Green G3* oppure marrone) è stato tracciato sul più chiaro colore di fondo (*Light Stone No 61* o *Portland Stone No 64*) a fini mimetici. L'effetto risultante mirava a riprodurre l'aspetto dei muri a secco che caratterizzano il paesaggio maltese. Malta, novembre 1941. Collezione privata

▲ Il fianco sinistro di questo Universal Carrier dotato di parafanghi lunghi è letteralmente ricoperto da scritte tipiche scozzesi. Africa settentrionale, 27 ottobre 1942. Collezione privata

▼ Questo Carrier di un reparto australiano è sfortunatamente incappato in un campo minato. Il contenitore aperto posto sulla piastra posteriore ospitava la batteria dell'apparato radio ed era formato da piastre leggermente corazzate. L'antenna è però assente. Milne Bay (Papua Nuova Guinea), 28 agosto 1942. Australian War Memorial

▲ Un MK I britannico in Tunisia. Sulla parte anteriore di questo corazzato è stata fissata una cassa di stivaggio del tipo abitualmente collocato all'interno del compartimento posteriore sinistro del mezzo. Collezione privata

▼ Due Universal Carrier MK I della 6ª Divisione Corazzata britannica avanzano in Tunisia. Australian War Memorial

▲ I Carriers furono talvolta impiegati per l'evacuazione dei feriti. Questa fotografia, scattata in un'imprecisata località mediorientale il 2 settembre 1943, mostra alcuni barellieri della 6ª Divisione Corazzata sudafricana in addestramento. Collezione privata

▼ Una colonna di Carrier sovietici in livrea invernale. L'Armata Rossa ricevette differenti modelli di cingolette dagli alleati occidentali, compresi i T16 di produzione statunitense dei quali si parlerà più oltre. US NARA

▲ Settembre 1943: due MK I del 3rd County of London Yeomanry (Sharpshooters), 4ª Brigata Corazzata britannica, sostano nel porto di Catania in attesa di imbarcarsi per la penisola italiana. Collezione privata

▼ Carriers del 3rd County of London Yeomanry (Sharpshooters) fanno il loro ingresso a Serracapriola (FG). Le avanguardie di questa unità corazzata raggiunsero la cittadina pugliese il 1 Ottobre 1944. Si osservi il lanciafumogeni da 101,6 mm montato sul fianco destro della cingoletta in primo piano. Collezione privata

▲ Uno Scout Carrier (in primo piano) e un Universal Carrier MK I sono oggetto della curiosità della folla convenuta a una manifestazione organizzata dall'esercito australiano. I rulli dei carrelli dello Scout Carrier sono di tipo australiano poiché presentano delle nervature di rinforzo sui raggi. Perth (Australia), 27 marzo 1943. Australian War Memorial

▼ Un Carrier della 2ª Divisione neozelandese muove nell'abitato di San Casciano in Val di Pesa (nei pressi di Firenze), il 28 luglio 1944. Il cingolato monta posteriormente una mitragliatrice BESA da 7,92 mm, arma largamente impiegata sui mezzi corazzati britannici durante il conflitto. Una mitragliatrice Vickers è invece installata nella postazione del mitragliere. A. Turnbull Library

▲ Un Universal Carrier MK I, battezzato con il nome di una città dell'India, KANGRA, avanza in un'area compresa tra Lanciano e Orsogna (CH), il 13 dicembre 1943. Questo veicolo monta una MG 42 germanica di preda bellica, la cui canna fuoriesce dall'apertura frontale presente sulla piastra a protezione del mitragliere, e un Bren con caricatore a tamburo in funzione antiaerea. Il mezzo appartiene al 6° Battaglione del 13th Frontier Force Rifles, inquadrato nella 19ª Brigata dell'8ª Divisione di Fanteria indiana. Collezione privata

▲ Militari di un'unità coloniale britannica reclutati in Africa orientale ispezionano un Universal Carrier MK I* precedentemente caduto nelle mani dei giapponesi. Birmania, 1944. Collezione privata

▲ Un MK I transita lungo una via di Zagabria (Croazia), il 7 maggio 1945. Si notino la corazzatura di origine campale posta a protezione del pilota e le mitragliatrici installate sul veicolo, probabilmente provenienti da un velivolo germanico schiantatosi al suolo. Questa cingoletta operò in seno ad un'unità dell'Esercito Popolare di Liberazione jugoslavo. Collezione privata

▼ Tre Universal Carrier della 2ª Divisione neozelandese modificati per fungere da ambulanze. Sesto Imolese (Imola), 1945. A. Turnbull Library

▲ Vista posteriore di un Carrier neozelandese convertito in ambulanza. La piastra superiore sul retro della cingoletta è stata rimossa per agevolare il rapido caricamento dei feriti. Le fiancate laterali sono state allungate in direzione posteriore per offrire una maggiore protezione. Faenza (RA), gennaio 1945. A. Turnbull Library

▼ A partire dalla fine del 1944, le unità dell'esercito cobelligerante italiano furono interamente equipaggiate con veicoli militari di produzione britannica, canadese e statunitense. L'Universal Carrier di questa immagine apparteneva al 2° Battaglione del 21° Reggimento Fanteria, facente parte del Gruppo di Combattimento Cremona. Venezia, aprile 1945. Collezione dell'autore

▲ I fari anteriori di tipo canadese sono ben visibili su questo Carrier della Brigata Ebraica. Questa formazione fu posta alle dipendenze dell'8ᵃ Armata britannica nel novembre del 1944 e partecipò all'offensiva finale alleata in Italia. Collezione privata

▼ L'equipaggio di questo MK I* in servizio presso un'unità canadese è entusiasticamente accolto dai civili. Haarlem (Olanda), 7 maggio 1945. Library Archives Canada

L'UNIVERSAL CARRIER MK II

Prodotto per la prima volta all'inizio del 1942, l'Universal Carrier MK II era sostanzialmente basato sul precedente MK I ma incorporava una serie di modifiche. Sulla copertura del motore erano presenti una rastrelliera per due fucili e supporti per il treppiede del mitragliatore Bren e per il fucilone controcarro Boys.

Un solo faro anteriore era montato sul lato sinistro della postazione del mitragliere, coadiuvato da due piccole luci di posizione: quella sinistra era sistemata sulla piastra frontale, quella destra era fissata al supporto della tanica per l'acqua. Un piccolo pannello incernierato, apribile verso l'esterno, fu ricavato al di sopra dell'apertura frontale per l'armamento principale e, al contempo, il più grande pannello incernierato triangolare a beneficio della visuale del pilota, posto superiormente e anteriormente a sinistra sui MK I, fu eliminato.

Il cavo di traino e un rullo di scorta furono stoccati frontalmente. Vennero inoltre introdotti un nuovo tipo di parafango anteriore e due (talvolta quattro) montatoi laterali. I supporti per il fuoco delle armi di bordo realizzati in gomma o legno, presenti sui MK I, furono rimpiazzati da profilati tubolari in metallo saldati sulle estremità superiori delle due fiancate laterali, della piastra posteriore e della piastra che divideva il vano anteriore dai due compartimenti ai lati del motore. Un mortaio da 50,8 mm (o un lanciafumogeni da 101,6 mm) fu installato sulla superficie interna della corazzatura sinistra a protezione del mitragliere. Inoltre, una grande cassa di stivaggio fu applicata esternamente sulla piastra verticale posteriore.

Analogamente ai MK I, anche i MK II furono talvolta equipaggiati con dei ganci di traino di varia origine. Nel maggio del 1944, si stabilì che gli Universal Carrier dovevano essere dotati del cosidetto 'Stacey towing attachment'. L'assieme, particolarmente rivolto al traino del cannone anticarro da 57 mm in situazioni di emergenza e lungo brevi distanze, era essenzialmente costituito da un gancio sostenuto da due robusti bracci imbullonati sul retro del cingolato. Come l'Universal Carrier MK I, anche il MK II era mosso da un motore Ford V8. I MK II prodotti in Gran Bretagna furono normalmente provvisti di propulsori britannici o statunitensi. I MK II* realizzati in Canada, sarebbero dovuti essere equipaggiati con motori di produzione nazionale ma, almeno fino alla fine del 1943, questi erano ancora in fase di prova e pertanto moltissime cingolette ricevettero propulsori statunitensi da 85 hp.

Numerosi MK I* furono ricondizionati e standardizzati come MK II*. Il termine 'Welsh Guards Stowage', fu inizialmente associato a un modello pilota di Universal Carrier destinato a essere impiegato in Africa settentrionale e caratterizzato da uno scafo saldato, sempre a cielo aperto ma proteggibile da un telone, e nuovi parafanghi lunghi. Le caratteristiche fondamentali di tale variante, con scafo rivettato e parafanghi corti di nuovo tipo ma priva di telone, avrebbero in seguito influenzato la tipica e definitiva configurazione degli Universal Carrier MK II prodotti in Gran Bretagna e Canada.

▲ Un Universal Carrier MK II fresco di fabbrica. Si tratta di un veicolo realizzato negli stabilimenti della Aveling-Barford. La corazzatura massima del MK II, pari a circa 10 mm, era identica a quella del MK I. I profilati tubolari posizionati sulle estremità superiori delle piastre delimitanti i compartimenti posteriori, introdotti in origine come rinforzo per le più lunghe fiancate del Windsor Carrier, furono impiegati anche per i cingolati Universal a partire dall'estate del 1943. Collezione privata

▼ Questo MK II è completamente equipaggiato per il guado profondo. I pannelli presenti sullo scafo superiore sono mantenuti in posizione per mezzo di sottili aste inserite in piccoli supporti saldati sulle corazze. Le superfici esterne del veicolo sono state trattate con materiali sigillanti. Collezione dell'autore

▲ Un MK I riconfigurato come MK II. Notare il lanciafumogeni da 101,6 mm e il singolo faro anteriore, in questo caso del tipo impiegato sui MK I e ancora dotato del proprio caratteristico supporto. Gli elementi cilindrici posti in basso lungo le fiancate, avevano lo scopo di facilitare l'applicazione di fogliame o altro materiale mimetico. I parafanghi anteriori originali non venivano abitualmente sostituiti nel corso delle operazioni di ammodernamento. Il mezzo apparteneva al Lake Superior Regiment, unità della 4ª Divisione Corazzata canadese. Library Archives Canada

▼La presenza del pannello incernierato triangolare sulla sinistra del comparto del mitragliere indica che anche questo mezzo è un MK I portato allo standard MK II. I supporti delle aste di sostegno dei pannelli per il guado profondo sono saldati sullo scafo. Si tratta di un veicolo del reggimento Queen's Cameron Highlanders of Canada, 6ª Brigata, 2ª Divisione di Fanteria canadese. Leer (Germania), Luglio 1945. Library Archives Canada

▲ Un Universal Carrier MK II guida una colonna motorizzata della 1ª Divisione Corazzata polacca. Scarborough (Inghilterra), 17 luglio 1944. Narodowe Archiwum Cyfrowe

▼ L'equipaggio di un Universal Carrier MK II del 1º Battaglione Fucilieri, 3ª Brigata, 1ª Divisione Corazzata polacca, è qui ritratto durante una pausa. Inghilterra, luglio 1945. Narodowe Archiwum Cyfrowe

▲ Un MK II* si imbarca su un natante per trasferirsi dal Beveland meridionale a quello settentrionale. Il veicolo appartiene all'8° Reggimento Esplorante (14° Ussari Canadesi), 2ª Divisione di Fanteria canadese. Olanda, 1 novembre 1944. Library Archives Canada

▲ Un MK II della 53ª Divisione di Fanteria britannica (Gallese) conduce un gruppo di prigionieri nelle retrovie. Nel quadro dell'Operazione 'Market Garden', la 158ª Brigata, parte della divisione gallese, ebbe l'incarico di attraversare il canale della Schelda nei pressi di Lommel (Belgio) e avanzare in territorio olandese. L'azione, condotta tra il 17 e il 18 settembre fu ostacolata con grande determinazione dai paracadutisti tedeschi. Collezione privata

▼ Un Universal Carrier MK II britannico con al traino un cannone anticarro da 57 mm transita nell'abitato di Aalst (Olanda). Il mezzo, dotato del cosiddetto 'Stacey towing attachment' era in forza a un reparto della Divisione Corazzata della Guardia. Nationaal Archief

▲ L'equipaggio di un MK II dell'8° Battaglione (Rifle Brigade), 11ª Divisione Corazzata britannica, distribuisce cioccolato ad alcuni giovanissimi olandesi. Collezione privata

▲ Un MK II dell'11° Battaglione (Royal Scots Fusiliers), 49ª divisione di Fanteria britannica (West Riding). Si osservi l'emblema divisionale, un orso bianco su una lastra di ghiaccio, in ricordo del servizio prestato dall'unità in Islanda tra il 1940 e il 1942. Il numero 61, in bianco su sfondo verde, identificava il 2° Battaglione della 2ª Brigata di una divisione di fanteria. Questo Carrier è stato probabilmente prodotto dalla Sentinel Wagon. Collezione dell'autore

▼ Soldati lussemburghesi della 1ª Brigata di Fanteria belga a bordo del loro MK II*. In luogo dei profilati tubolari, sulle estremità superiori delle piastre verticali laterali e posteriore delle cingolette prodotte in Canada, erano fissate delle strisce metalliche appositamente incurvate. Si notino le luci di posizione di tipo canadese, soprattutto quella visibile a destra (rispetto all'osservatore) del faro anteriore. Collezione privata

▲ Un Universal Carrier No 2 MK II* nella configurazione 'Welsh Guards Stowage'. Collezione privata

▼ Il fragile governo greco, nato con l'appoggio della Gran Bretagna nell'autunno del 1944, si dissolse rapidamente e scontri tra opposte fazioni insanguinarono Atene. I Britannici si schierarono con le organizzazioni di destra, in opposizione ai comunisti. In questa fotografia, scattata nella capitale greca, appaiono due MK I trasformati in MK II (a destra) e, probabilmente, un No 2 MK II* 'Welsh Guards Stowage' (a sinistra). Collezione privata

L'UNIVERSAL CARRIER MK III

Il MK III fu l'ultima versione (Mark, secondo la nomenclatura originale britannica) prodotta dell'Universal Carrier. In apparenza questo cingolato era sostanzialmente simile al MK II, con il quale viene spesso confuso. Da uno sguardo più attento emergono tuttavia alcune importanti differenze. Diversamente dai MK I e dai MK II, i MK III erano costruiti con piastre saldate. Al fine di conseguire una maggiore protezione nei confronti delle mine, il fondo dello scafo fu rinforzato. Gli spessori della corazzatura posteriore inferiore e dei parafanghi furono anch'essi aumentati.

Un altro aspetto importante concerne la paratia che separava il vano anteriore dai due compartimenti posteriori, nei MK III privata della presa d'aria posta superiormente ai sedili di pilota e mitragliere. La superficie superiore della copertura del motore fu in parte ritoccata e dotata di griglie aggiuntive. La Ford of Canada fu il principale produttore di questi veicoli, denominati pertanto Universal Carrier MK III*.

Pare che l'unico lotto realizzato fuori dai confini canadesi sia stato quello assegnato alla Ford of Britain di Dagenham (Londra), contraddistinto dall'intervallo di 'census numbers' T 331701 – T 334900.

▼ Un Universal Carrier MK III* del 49° Reggimento Esplorante, parte della 49ª Divisione di Fanteria britannica (West Riding). Olanda, primavera 1945. Collezione privata

▲ L'Universal Carrier MK III* apparve alla fine del 1943. Lo scafo è costituito da elementi saldati: lungo le giunzioni tra le piastre non appaiono rivettature. La cingoletta di questa fotografia, scattata il 17 aprile 1945, muove tra le rovine di Masendorf (Germania). Collezione privata

▼ Questo MK III* era in servizio presso il battaglione motorizzato della 1ª Brigata Corazzata Indipendente cecoslovacca. Dopo aver preso terra in Normandia nell'estate del 1944, l'unità fu assegnata alla 1ª Armata canadese e schierata nel settore di Falaise. Successivamente e fino al termine del conflitto, i cecoslovacchi ebbero il compito di tenere sotto assedio la guarnigione germanica asserragliata a Dunkerque. Library Archives Canada

▲ Un MK III* della 1ª Brigata di Fanteria belga, altresì conosciuta come 'Brigata Piron', dal nome del comandante, Jean-Baptiste Piron. Una lettera 'B' bianca (emblema dell'unità) è stata tracciata sul parafango sinistro. Una piccola coccarda con i colori nazionali belgi è visibile al centro della stella bianca alleata presente sulla fiancata. I soldati belgi e lussemburghesi della 'Brigata Piron' si distinsero nei combattimenti per la liberazione del Belgio. Collezione privata

▲ Un MK III* della Brigata Principessa Irene, reparto formato da militari olandesi rifugiatisi in Gran Bretagna dopo l'occupazione tedesca dei Paesi Bassi. Il parafango sinistro della cingoletta esibisce il leone rampante araldico della Casa d'Orange-Nassau, la famiglia reale olandese (in arancio su disco nero), e il nome IRENE (in bianco). Il numero 112, in bianco su un quadrato rosso, contrassegna il 3° Gruppo Motorizzato della Brigata. Olanda, Maggio 1945. Nationaal Archief

▼ Un ristrettissimo numero di MK III*, opportunamente modificati per essere alloggiati in alianti, fu impiegato dalla 1ª Divisione Aviotrasportata britannica in occasione dell'Operazione 'Market Garden'. Gli interventi eseguiti, principalmente rivolti a ridurre le dimensioni (soprattutto la larghezza) e il peso dei mezzi, contemplarono anche l'aggiunta di supporti sulla piastra posteriore per il trasporto di un mortaio da 76,2 mm, come si può notare in questa immagine, di cattiva qualità ma indubbiamente più unica che rara. US NARA

▲ L'equipaggio di questo MK III* del 4° Battaglione (Wiltshire Regiment), 43ª Divisione di Fanteria britannica (Wessex), usufruisce di un momento di riposo. La paratia posta tra il vano anteriore e i compartimenti posteriori è ovviamente priva di presa d'aria. Il faro anteriore e lo specchietto retrovisore sono stati ricollocati in posizioni diverse da quelle originali. Olanda, 21 settembre 1944. Collezione privata

L'ARMOURED OBSERVATION POST CARRIER (AOP MK I, MK II, MK III)

L'Armoured Observation Post (AOP) Carrier fu specificatamente realizzato per essere impiegato dai reparti di artiglieria. L'AOP No 1 MK I, basato sullo Scout Carrier, era provvisto di un avvolgicavo fissato posteriormente, a destra del contenitore che accoglieva la batteria dell'apparato radio. L'osservatore avanzato si avvaleva di un'apposita feritoia situata sulla corazzatura frontale sinistra. Una griglia aggiuntiva fu installata sulla superficie superiore della copertura del motore, la cui parte sinistra fu oggetto di modifiche. L'AOP No 1 MK II fu invece ricavato dall'Universal Carrier MK I. Le dotazioni di questo mezzo comprendevano due radio, un Wireless Set No 11 e un Wireless Set No 18 (spalleggiabile), artifizi da segnalazione come razzi e luci e naturalmente un avvolgicavo, sistemato sul parafango posteriore sinistro. L'AOP No 1 MK III, dallo scafo a piastre saldate, prodotto unicamente dalla Ford of Britain, usufruiva di un secondo avvolgitore per cavi telefonici, fissato anteriormente. L'AOP MK III, fornito di un apparato radio Wireless Set No 11 oppure No 19, era facilmente distinguibile dall'AOP MK II per la presenza di un solo faro anteriore e di due piccole luci di posizione collocate su entrambi i lati della piastra frontale. Un portascala era normalmente montato sul lato sinistro dello scafo superiore.

▼ Un AOP MK II della 2ª Divisione neozelandese in Africa settentrionale. La lettera X in colore bianco indicava il veicolo del comandante di una delle batterie di un reggimento di artiglieria campale. L'emblema di formazione adottato era costituito da una foglia di felce, disegnata in bianco su un quadrato nero. Gli AOP MK II furono prodotti negli stabilimenti della Aveling-Barford e della Sentinel Wagon. A. Turnbull Library

▲ Vista posteriore di uno dei 253 AOP MK II realizzati dalla Aveling-Barford dal settembre 1939 al marzo 1940. Notare le più ampie dimensioni della cassa contenente la batteria della radio, sulla quale è fissato, come di consueto, il contenitore per le taniche dell'olio e del carburante. L'avvolgicavo è situato sul parafango sinistro. Il cingolato esibisce l'emblema della 52ª Divisione di Fanteria britannica (Lowland), una croce di Sant'Andrea Bianca su scudo blu. Inghilterra, 1 novembre 1941. Collezione privata

▲ Un'altra vista del cingolato appena trattato. Il contenitore dell'Artillery Board No 3, una sorta di tavoletta utilizzata per il calcolo dei dati di tiro è presente sul fianco destro. Nell'esercito britannico, il numero 42, apposto in bianco su uno sfondo rosso e blu, identificava il reggimento di artiglieria presente da più tempo nei ranghi di una divisione di fanteria. La lettera X, tracciata in bianco su un quadrato blu connotato da un quadrante rosso in basso a sinistra, individuava il veicolo del comandante della 3ª Batteria. Collezione privata.

▼ Un AOP MK III in servizio presso il 1° Reggimento di Artiglieria Motorizzato della 1ª Divisione Corazzata polacca immortalato in Gran Bretagna. Nonostante il contrassegno tattico riferibile a uno dei reggimenti di artiglieria di una divisione corazzata (numero 76 in bianco su quadrato rosso e blu) sia ben visibile sull'anteriore del mezzo, il parafango sinistro reca ancora il simbolo del 1° Corpo Polacco. Narodowe Archiwum Cyfrowe

▲ Questo AOP MK III della 15ª Divisione di Fanteria britannica (Scozzese) attraversa il ponte sul fiume Odon a Tourmeau-ville (Normandia) durante le fasi finali dell'Operazione 'Epsom' (fine giugno 1944). Collezione dell'autore

IL 3 IN MORTAR CARRIER (MK I E MK II)

Il mortaio britannico da 76 mm, il cui calibro ammontava in realtà a circa 81,51 mm, entrò in servizio negli Anni '30. Inizialmente il mortaio veniva condotto sul campo di battaglia dai serventi o per mezzo di un autocarro ma più tardi l'esercito britannico ritenne utile ricorrere alle cingolette per il trasporto dell'arma e del relativo munizionamento. La produzione del 3 in Mortar Carrier ebbe inizio negli ultimi mesi del 1940 ad opera della Wolseley, la quale avviò la realizzazione di un lotto di 400 cingolati No 1 MK I predisposti al trasporto delle tre parti che costituivano il mortaio, vale a dire la bocca da fuoco, l'affusto a bipede e la piastra d'appoggio. Contrariamente agli esemplari ottenuti con la conversione di cingolette Universal, i Mortar Carrier MK I originariamente costruiti come tali erano di solito privi dei supporti per il fuoco delle armi di bordo posti sulle estremità delle piastre verticali delimitanti i compartimenti posteriori. Molti Universal Carrier di produzione canadese (MK I*) furono convertiti in Mortar Carrier con l'ausilio di parti provenienti dall'Inghilterra. I Mortar Carrier No 1 e No 2 MK II furono prodotti per la prima volta dalla Sentinel Wagon a partire dall'inizio del 1942. E' importante ricordare che le denominazioni ufficiali attribuite ai diversi modelli di Mortar Carrier non coincidevano strettamente con quelle che identificavano le differenti versioni dell'Universal Carrier. Numerosi Mortar Carrier furono infatti classificati come MK II anche essendo basati su scafi Universal tipo MK I. I cingolati realizzati con scafi Universal di ultima produzione, facilmente riconoscibili dai parafanghi squadrati e dalla presenza di un unico faro anteriore, furono invece sempre designati come Mortar Carrier MK II. Dopo essere giunti a destinazione, i serventi dovevano lasciare il mezzo, assemblare l'arma e azionarla da terra. La documentazione fotografica disponibile mostra tuttavia come fosse possibile, in rari casi, utilizzare il mortaio dall'interno del cingolato. Alcuni Mortar Carrier furono equipaggiati con una radio Wireless Set No 18.

▲ Il prototipo del Mortar Carrier fu realizzato dalla Thornycroft tramite la conversione di una cingoletta MK I ('census number' T 12844). Le munizioni del mortaio erano stoccate in 66 contenitori cilindrici: 54 erano collocati in apposite intelaiature situate nei compartimenti posteriori (30 a sinistra e 24 a destra), 12 venivano sistemati nel vano anteriore (6 per lato). I supporti per il fuoco delle armi di bordo, presenti sulle estremità superiori delle lamiere posteriori, non sono stati rimossi. Collezione privata.

◄ Un Mortar Carrier prodotto dalla Ford of Canada traina un cannone anticarro da 57 mm. Le ruote di scorta dell'affusto e del veicolo celano gran parte del supporto per la piastra d'appoggio del mortaio, differente da quello tipico e posto anteriormente, in conformità a una circolare emanata nel 1944. Il mezzo appartiene al 3° Reggimento Anticarro della 3ª Divisione di Fanteria canadese, operante in Europa nordoccidentale. Library Archives Canada

▲ Vista posteriore del prototipo della Thornycroft. Il contenitore corazzato per la batteria della radio è stato rimosso per consentire il trasporto della bocca da fuoco e del relativo scovolo, assicurati alla corazzatura verticale grazie ad appositi supporti. La manovella di avviamento è fissata poco più sopra. Il porta taniche è stato spostato a sinistra e la piastra d'appoggio ha trovato posto sulla destra. L'affusto a bipede è sistemato sulla lamiera orizzontale. Tale configurazione fu adottata sulla maggioranza dei Mortar Carrier realizzati. Collezione privata

▲ Un paracadutista della Divisione Folgore posa accanto a un Mortar Carrier catturato dagli italiani in Africa settentrionale. Collezione privata

▼ EDNA, un Mortar Carrier della Brigata olandese Principessa Irene, sfila durante la parata tenutasi ad Amsterdam il 31 maggio 1945. Questo cingolato, realizzato su uno scafo MK I, non presenta il tipico pannello incernierato triangolare sulla corazzatura verticale anteriore sinistra. Nationaal Archief

▲ Questa immagine evidenzia come fosse talvolta possibile impiegare il mortaio installato nel compartimento del mitraglie-re piuttosto che da terra. Il Mortar Carrier qui raffigurato era in servizio presso il 1/6th Battalion, Queen's Royal Regiment, unità della 7ª Divisione Corazzata britannica. Scafati (SA), settembre 1943. Collezione dell'autore

▼ Un'altra fotografia che illustra la possibilità di azionare il mortaio dal vano anteriore del cingolato, in questo caso un Mor-tar Carrier della 2ª Divisione di Fanteria britannica. Birmania, 1945. Collezione privata

▲ Un Mortar Carrier MK II (in primo piano) e un Medium Machine Gun Carrier, in forza a un gruppo tattico formato da elementi dei reparti irlandesi inquadrati nella Divisione Corazzata della Guardia, sostano nell'abitato di Aalst (Olanda), il 18 settembre 1943. Il Mortar Carrier qui ritratto monta rulli con fori di alleggerimento circolari, originariamente ideati per il Loyd Carrier. Wikimedia

▼ Le piastre verticali di questo Mortar Carrier MK II messo fuori combattimento recano i supporti di fissaggio dei pannelli per il guado profondo. I Mortar Carrier basati sugli Universal MK II erano privi dei profili tubolari abitualmente fissati sui bordi superiori delle piastre verticali che delimitavano i due compartimenti posteriori. Europa nordoccidentale, 1944. Collezione privata

▲ Una colonna di Mortar Carrier del 2° Battaglione, Reggimento Essex, 56ª Brigata, 49ª Divisione di Fanteria britannica (West Riding). Il primo veicolo da sinistra ('census number' T 226376) è un Mortar Carrier MK II prodotto dalla Wolseley. Olanda, 13 aprile 1945. Library Archives Canada

▼ Un Mortar Carrier MK II del Battaglione Bersaglieri Goito, Reggimento Fanteria Speciale, Gruppo di Combattimento Legnano, avanza in Bologna liberata il 21 aprile 1945. Due casse di munizioni britanniche tipo C 224 sono state fissate anteriormente al mezzo. Collezione dell'autore

▲ Alpini del 2° Battaglione, Reggimento Fanteria Speciale, Gruppo di Combattimento Legnano, a bordo di un Mortar Carrier MK II realizzato dalla Wolseley. Notare la disposizione delle due luci di posizione sulla corazza frontale e la scritta MILANO sul parafango anteriore destro. Bologna, 21 aprile 1945. Collezione dell'autore

IL MEDIUM MACHINE GUN CARRIER (MMG MK I E MK II)

Il Medium Machine Gun Carrier MK I e MK II furono introdotti all'inizio del 1943, allo scopo di accrescere la potenza di fuoco delle fanterie. Si trattava di cingolette munite di una mitragliatrice media Vickers calibro 7,7 mm, raffreddata ad acqua, di produzione britannica. L'arma, particolarmente idonea a sostenere azioni offensive, fu montata sulla copertura del motore, in modo da poter sparare verso qualsiasi direzione. Gli Universal Carrier così configurati furono soprattutto impiegati dai battaglioni mitraglieri delle divisioni di fanteria e dalle compagnie autonome mitraglieri delle divisioni corazzate di Sua Maestà, nonché dalle omologhe formazioni appartenenti ad altre forze alleate, organizzate secondo i canoni britannici. L'equipaggiamento di questi mezzi, che comprendeva sempre il treppiede della mitragliatrice, un'adeguata scorta di munizioni e un dispositivo lanciafumogeni, era tuttavia suscettibile di variazioni. Ad esempio, il MK II assegnato al comandante di plotone era anche provvisto di una radio Wireless Set No 22, di una pistola di segnalazione, di un contenitore per le mappe e di un megafono (analogo a quello trasportato sui Mortar Carrier) mentre quelli destinati ai sottufficiali del medesimo reparto erano altresì dotati di un lanciagranate portatile PIAT (Projector Infantry Anti-Tank), utilizzabile contro i corazzati nemici. Diversi Universal Carrier furono inoltre adattati sul campo all'impiego di altri tipi di mitragliatrice.

▼ Un Medium Machine Gun MK I* di un reparto canadese. Italia, 1944. Library Archives Canada

▲ In mancanza dello speciale piedistallo, la mitragliatrice Vickers poteva essere installata nel compartimento del mitragliere, come dimostrato in questa immagine, relativa a un MK I* del 2/7ᵗʰ Battalion, Middlesex Regiment. Il rettangolo tricolore (rosso, bianco, rosso), apposto sul fianco e ribadito sulla piastra verticale anteriore, costituiva un'insegna di riconoscimento ufficiale adottata all'inizio del 1942 per i mezzi corazzati britannici, diffusa per qualche tempo nel teatro bellico italiano fino all'introduzione della più nota stella bianca Alleata. Italia, 1944. Wikimedia.

▼ AMI e ADA, due MMG Carrier (basati su scafi MK I) del battaglione mitraglieri Saskatoon Light Infantry, 5ᵃ Divisione di Fanteria canadese. Dintorni di Monacilioni (CB), Ottobre 1943. Library Archives Canada

▲ Un Medium Machine Gun MK II appartenente al 1° Gruppo Motorizzato della Brigata olandese Principessa Irene. Sulla piastra inclinata anteriore sono presenti i raccordi per il fissaggio di attrezzi aggiuntivi, una pala e un piccone, specificatamente dedicati alla predisposizione di postazioni trincerate destinate all'impiego della mitragliatrice Vickers da terra. Nationaal Archief

▼ Tre MMG MK II della 2ª Compagnia Mitraglieri Autonoma, 11ª Divisione Corazzata britannica. La maggior parte dei Medium Machine Gun Carrier fu prodotta dalla Sentinel Wagon e dalla Thornycroft. Germania, primavera 1945. Collezione dell'autore

▲ Il Toronto Scottish Regiment, unità della 2ª Divisione di Fanteria canadese, operò in Europa nordoccidentale fino al termine del conflitto. Il MMG MK II di questa fotografia esibisce il contrassegno tattico che identificava il Battaglione Mitraglieri nell'ambito della divisione di fanteria, dato dal numero 64 in cifre bianche su sfondo nero. Il martinetto del mezzo è fissato sul parafango destro. Nieuport (Belgio), 9 settembre 1944. Library Archives Canada

▲ Una cingoletta MK I pesantemente armata della 2ª Divisione neozelandese transita lungo una strada di Borgo San Giuliano, Rimini, il 22 settembre 1944. Il piccolo arsenale sistemato sul veicolo comprende un fucile mitragliatore britannico Bren cal. 7,7 mm e due famose armi di produzione statunitense, una mitragliatrice media Browning M1919 cal. 7,62 mm e una mitragliatrice pesante Browning M2 cal. 12,7 mm. A. Turnbull Library

▼ Questo MK III è armato con una mitragliatrice pesante Browning M2 cal. 12,7 mm. I MK III non furono mai ufficialmente convertiti in MMG Carrier. Europa nordoccidentale, 26 aprile 1945. Collezione privata

IL LOYD CARRIER (TPC, TT, TCL E TS&C)

Dopo aver collaborato con John V. Carden allo sviluppo delle prime tankette britanniche, nel 1938 Vivian G. Loyd lasciò la Vickers-Armstrong e diede vita a una nuova azienda. In quello stesso periodo, egli riuscì a presentare il prototipo del Loyd Carrier, un mezzo cingolato adattabile a differenti ruoli che sfruttava il telaio dell'autocarro Fordson 4x2 15 cwt (760 kg di carico utile) montato al contrario.

Il treno di rotolamento era costituito da carrelli (due per lato) con sospensioni Horstmann provvisti di due rulli e da corone dentate, poste sia anteriormente sia posteriormente allo scopo di agevolare i cambiamenti di direzione del veicolo. Il posto di guida era situato in posizione anteriore, al centro di uno scafo a cielo aperto non corazzato, la cui protezione poteva tuttavia raggiungere uno spessore massimo di 7 mm imbullonando sulle superfici anteriori e laterali delle piastre addizionali ('BP plates').

Il Loyd Carrier fu prodotto in due versioni principali, distinguibili in base all'impianto frenante adottato. Il MK I utilizzava freni Bendix di produzione americana, il MK II si avvaleva di freni di origine britannica, realizzati dalla Girling. La designazione ufficiale del mezzo era completata dall'indicazione della provenienza del propulsore Ford V8 montato sul retro (No 1, No 2 eccetera), analogamente a quanto prescritto per gli Universal Carrier.

L'esito positivo delle prove tenute nel 1939 indusse il War Office britannico a ordinare un primo lotto di 200 Loyd Carrier presso la Vivian Loyd & Co., consistente in cingolati del tipo Tracked, Personnel Carrying (TPC), idonei al trasporto di truppe e, secondariamente, di materiali vari. Altre case costruttrici, come l'Arnfield, l'Aveling-Barford, la Dennis, la Ford, la Harland Engineering, la MB Wild, la Sentinel Wagon e la Wolseley furono ben presto coinvolte nella produzione e conseguentemente il mezzo poté fungere da base per altri allestimenti, come il Loyd Tracked, Towing (TT).

Si trattava di un trattore cingolato, originariamente destinato a trainare il cannone anticarro da 40 mm. Poiché l'affusto su cui poggiava la bocca da fuoco si rivelò suscettibile di danneggiamenti durante gli spostamenti su terreni accidentati, si decise ben presto di trasportare il pezzo assicurato sul cassone di un autocarro.

Il Loyd Carrier TT fu così soprattutto deputato al traino del cannone anticarro da 57 mm o del mortaio da 107 mm (un'arma le cui parti potevano essere sistemate all'interno di un rimorchio da 508 kg di portata) nonché al trasporto delle rispettive munizioni. Il Tracked, Cable Layer (TCL) era invece un modello impiegato per la posa dei collegamenti a filo dalle unità del Royal Signal Corps (reparti trasmissioni), munito di grandi bobine di cavi, scale e paline. Oltre 2.000 cingolati Loyd furono equipaggiati con generatori da 30 e 12 volts, atti a far ripartire veicoli con problemi all'impianto elettrico e ricaricare le batterie.

Le dotazioni di questi mezzi, designati Tracked, Starting & Charging (TS&C) e assegnati soprattutto ai reggimenti corazzati, comprendevano inoltre batterie di ricambio, idrometri, voltmetri, contenitori di acqua distillata, cavi di avviamento.

▲ Un Loyd Carrier traina un cannone anticarro da 57 mm. Il veicolo trasporta, fissate sulle fiancate, due corazzature addizionali atte a fornire protezione laterale al pezzo e ai serventi durante le azioni di fuoco. Olanda, settembre 1944. Nationaal Archief

▼ Un Loyd TPC (Tracked, Personnel Carrying) canadese, armato di mitragliatrice media Vickers. Si noti l'assale anteriore, particolarmente esposto. Il motore è situato nella parte posteriore del mezzo. Library Archives Canada

▲ Vista laterale sinistra di un Loyd Carrier. Tutti gli esemplari prodotti furono dotati di un telone. Collezione dell'autore

▼ Un Loyd Carrier TT (Tracked Towing) fotografato a Londra nel 1944. Furono prodotti circa 15.000 cingolati di questo tipo. Wikimedia

▲ Vista di tre quarti anteriore sinistra di un Loyd TCL (Tracked, Cable Layer). Il dispositivo per la posa dei cavi è installato dietro la posizione del pilota. Collezione privata

▼ Un Loyd Carrier di ritorno dalla sfortunata incursione su Dieppe (Francia) del 19 agosto 1942, approda su una spiaggia britannica. US NARA

▲ Un Loyd Carrier TT in forza alla 53ª Divisione di Fanteria britannica (Gallese) avanza lungo una linea ferroviaria nei pressi di 's-Hertogenbosch. Questo cingolato è provvisto di rulli con fori di alleggerimento circolari. Olanda, 25 ottobre 1944. Wikimedia

▼ Questo Loyd Carrier polacco è stato fotografato in Italia. Una cassa di stivaggio era solitamente collocata al di sopra dell'assale anteriore di questi cingolati. Narodowe Archiwum Cyfrowe

▲ Un Loyd TT traina un rimorchio da 508 kg di portata, impiegato per il trasporto del mortaio da 107 mm. Questo veicolo apparteneva al 1/8th Middlesex Regiment, il battaglione mitraglieri della 43ª Divisione di Fanteria britannica (Wessex). L'emblema dell'unità, una viverna di colore giallo su un quadrato blu, sottolineava il legame intercorrente tra la divisione e le antiche tradizioni del Regno anglosassone del Wessex. Valle dell'Odon (Normandia), 16 luglio 1944. Wikimedia

▼ Un Loyd Carrier del Gruppo di Combattimento Friuli, unità cobelligerante italiana, muove in direzione di Bologna con un cannone anticarro da 57 mm al traino. La fine della guerra in Italia è ormai prossima. Collezione dell'autore

IL T16 (MK I E MK II)

Gli organi della trasmissione e il treno di rotolamento dell'Universal Carrier correvano il rischio di essere seriamente danneggiati quando la portata utile del mezzo veniva ampiamente superata oppure quando il cingolato era stabilmente destinato al ruolo di trattore di artiglieria. Importanti sforzi, volti alla risoluzione di tali problemi e condotti negli Stati Uniti per conto dei britannici, sfociarono nella realizzazione del T16 MK I, prodotto in 13.893 esemplari dalla Ford negli stabilimenti di Somerville, non lontano da Boston (Massachusetts), a partire dalla primavera del 1943. Il veicolo, seppure apparentemente simile alle cingolette prodotte Oltremanica e in Canada, si discostava da queste per vari aspetti. Il sistema di guida era affine a quello del Loyd Carrier ma richiedeva grande attenzione relativamente ai cambi di direzione. Il pilota aveva infatti a disposizione dinanzi a sé ben quattro leve direzionali che, provocando la frenatura dei cingoli sull'uno o sull'altro lato, consentivano di manovrare il veicolo. Agendo su una delle due leve in posizione centrale il cingolato eseguiva una sterzata, a destra o a sinistra, più stretta di quella che si poteva ottenere per mezzo delle leve poste esternamente, azionabili per compiere curve di più ampio raggio. Lo scafo in lamiere saldate del T16, sempre a cielo aperto ma più lungo di quello dell'Universal Carrier, poggiava su quattro carrelli con sospensioni Horstmann (due per lato), ciascuno dei quali costituito da una coppia di rulli e da un rullino superiore per la guida del cingolo. Il motore Ford era ancora una volta collocato centralmente in posizione arretrata e le parti terminali dei due tubi di scarico fuoriuscivano al di sopra della cassa di stivaggio fissata alla piastra verticale posteriore. Il T16, adibito al traino del cannone anticarro da 57 mm e al trasporto del mortaio da 107 mm, fu impiegato soprattutto dalle truppe canadesi. Verso la fine del 1945 la Ford of Britain realizzò il T16 MK II (noto anche come T16 E2), una versione che presentava una differente disposizione dei carrelli rivolta soprattutto al miglioramento della stabilità del mezzo.

▲ Un T16 MK I impiegato come trattore per il cannone anticarro da 57 mm. Le casse contenenti le munizioni sono trasportate nei compartimenti posteriori. Il 'census number' è CT 59234. Il prefisso C indicava che il mezzo era stato assegnato all'esercito canadese, la lettera T identificava i carri armati e le cingolette. Library Archives Canada

▲ Un T16 MK I della 3ª Divisione di Fanteria canadese traina un pezzo anticarro da 57 mm. Osservando attentamente la fotografia si può notare sul parafango destro del cingolato l'emblema di formazione, una foglia d'acero giallo oro tracciata su un rettangolo grigio bluastro. Caen (Normandia), agosto 1944. US NARA

▼ I T16 furono estesamente usati dai canadesi per il trasporto del mortaio da 107 mm e delle relative munizioni. La bocca da fuoco e l'affusto a bipede trovavano collocazione sulla copertura del motore mentre la piastra d'appoggio veniva fissata alla corazzatura del compartimento del mitragliere. Una ulteriore piastra d'appoggio, progettata per essere utilizzata su terreni soffici, era trasportata sulla fiancata sinistra della cingoletta. Collezione dell'autore

▲ Questo T16 appartenente a un reggimento anticarro canadese è provvisto di rulli con raggi dalla forma incurvata. Olanda, 13 aprile 1945. Library Archives Canada

▼ Le cingolette utilizzate dai comandanti dei plotoni mortai erano provviste di cavi per comunicazioni e apparati radio Wireless Set No 18 e No 19. Il T16 era circa 28 cm più lungo dell'Universal Carrier. Library Archives Canada

▲ Vista anteriore di un T16 in servizio presso il 1ˢᵗ Battalion, The Black Watch (Royal Highland Regiment), inquadrato nella 5ª Brigata, 2ª Divisione di Fanteria canadese. Lo spazio per l'installazione delle leve direzionali fu ottenuto tramite l'aumento dell'inclinazione della piastra posta dinanzi alla corazzatura verticale a protezione del pilota e del mitragliere. Zuid-Beveland (Olanda), 30 settembre 1944. Library Archives Canada

▲ Un T16 configurato per essere impiegato dal comandante di una sezione mortai da 107 mm. In osservanza a quanto stabilito dai regolamenti britannici, anche su questo cingolato canadese appare il disco giallo della classe ponte, indicata da un numero in colore nero (in questo caso un 4) corrispondente al peso approssimativo del mezzo espresso in tonnellate. Ad ogni veicolo così contrassegnato era consentito attraversare unicamente quei ponti di classe pari o superiore alla propria. Library Archives Canada

▼ Un T16 del 1st Battalion, Cameron Highlanders of Ottawa, 3ª Divisione di Fanteria canadese, trasportato da un veicolo anfibio LVT (Landing Vehicle, Tracked). Dintorni di Rees (Germania), 24 aprile 1945. Library Archives Canada

IL WINDSOR CARRIER MK I*

Il Windsor Carrier MK I* era un cingolato dotato di uno scafo a cielo aperto costituito da piastre corazzate rivettate prodotto dalla Ford of Canada in 5.000 esemplari tra il 1944 e il 1945. Ideato per il trasporto delle armi di accompagnamento per la fanteria e il traino di cannoni anticarro, questo mezzo conservò il sistema di guida introdotto con il Light Dragon MK III. Sebbene l'aspetto anteriore del veicolo fosse praticamente identico a quello dell'Universal MK II*, il Windsor MK I* era tuttavia più lungo di tutti gli altri Carrier. Come il T16, con il quale viene sovente confuso, anche il Windsor disponeva di una coppia di carrelli a due rulli su ogni lato ma, contrariamente alla cingoletta di produzione statunitense, le molle delle quattro sospensioni erano tutte rivolte nella medesima direzione, ovvero in avanti. La possibilità di montare un telone garantiva all'equipaggio una certa protezione in caso di maltempo. Il Windsor Carrier fu impiegato esclusivamente in Europa durante le ultime fasi del conflitto.

▲ Un Windsor MK I* in forza al 1/5th Battalion, Queen's Royal Regiment, 131ª Brigata, 7ª Divisione Corazzata britannica, traina un cannone anticarro da 57 mm. Questi cingolati traggono il proprio nome dalla città canadese di Windsor (Ontario), nella quale erano situati gli stabilimenti della Ford of Canada. Sul fianco sinistro del mezzo è visibile lo scovolo per la pulizia della canna del pezzo al traino, fissato agli appositi supporti. Collezione privata

▲ Due Windsor Carrier del 9° Battaglione Fucilieri, 3ª Brigata di Fanteria, 1ª Divisione Corazzata polacca. Il Windsor MK I* (4,37 metri di lunghezza) può a ragione essere considerato una versione 'allungata' dell'Universal Carrier MK II* (3,66 metri di lunghezza). Narodowe Archiwum Cyfrowe.

▼ Altra immagine ritraente dei Windsor MK I* della 1ª Divisione Corazzata polacca con cannoni anticarro calibro 57 mm al traino. Mossi da un motore da 95 hp, i Windsor Carrier venivano utilizzati nello stesso ruolo previsto per i T16. Narodowe Archiwum Cyfrowe.

▲ Un Windsor Carrier appartenente al 49° Reggimento Esplorante, 49ª Divisione di Fanteria britannica (West Riding) avanza nell'abitato di Amersfoort (Olanda), il 7 maggio 1945. Sul fianco destro del mezzo sono presenti i sostegni delle corazzature addizionali per il cannone anticarro da 57 mm. La 'divisione dell'orso polare' prese parte alla liberazione della provincia di Utrecht. Nationaal Archief

▼ Questa vista posteriore di un Windsor MK I* del 49° Reggimento Esplorante britannico evidenzia la tipica cassa di stivaggio applicata sul retro dello scafo. Il Windsor Carrier pesava una tonnellata in più del T16, veicolo che la cingoletta canadese sopravanzava anche in termini di lunghezza di circa 46 centimetri. Località sconosciuta, provincia di Utrecht (Olanda), 7 maggio 1945. Nationaal Archief

GLI UNIVERSAL CARRIER LANCIAFIAMME

Fu solo con la sconfitta della Francia, avvenuta nel giugno del 1940, che i britannici iniziarono a valutare la possibilità di dotare di lanciafiamme alcuni veicoli, in particolare gli Universal Carrier. Il primo dispositivo realizzato a tale scopo fu il Ronson, disponibile dalla fine del 1942 e sviluppato dal Petroleum Warfare Department. Nel settembre del 1943 apparve una versione migliorata, il Wasp MK I (FT transportable No 2 MK I), provvisto di una lancia di grandi dimensioni e di due serbatoi per la miscela infiammabile collocabili nei compartimenti posteriori di un Universal Carrier. Il Ronson e il Wasp MK I vennero comunque rapidamente accantonati ed esclusivamente destinati a scopi addestrativi poiché già nell'agosto del 1943, furono condotti vari esperimenti sul prototipo di un nuovo modello di lanciafiamme dalle eccellenti prestazioni, il Wasp MK II (FT transportable No 2 MK II). La principale caratteristica di quest'ultimo armamento consisteva in una lancia di nuova concezione, alloggiabile nel compartimento del mitragliere di una cingoletta Universal. Il Carrier in tal modo allestito rimaneva tuttavia privato di gran parte della propria capacità di carico poiché entrambi i serbatoi contenenti la miscela infiammabile, uno da 40 galloni, l'altro da 60 (pari rispettivamente a 182 e 273 litri), erano ancora sistemati all'interno del mezzo. Come i britannici, anche i canadesi accolsero con favore il Wasp MK II ma ritennero indispensabile che ogni cingolato destinato ad essere convertito in veicolo lanciafiamme potesse ospitare un terzo passeggero nel compartimento posteriore destro ed essere impiegato all'occorrenza come un normale Universal Carrier. Fu pertanto deciso di installare esternamente, sul retro del mezzo, un unico serbatoio da 75 galloni (340 litri) per la mistura infiammabile, in sostituzione di quelli interni. Gli Universal Carrier modificati in tal guisa furono designati Wasp MK IIC (la lettera C indicava il Canada). Anche diversi Wasp MK II già in servizio furono adattati allo standard MK IIC. Tale operazione comportava lo spostamento del serbatoio da 60 galloni sulla parte posteriore esterna della cingoletta e la contestuale rimozione del serbatoio meno capiente.

▲ Un Universal Carrier MK I* convertito in cingoletta lanciafiamme Ronson. La lancia è fissata alla corazzatura anteriore sinistra del mezzo. I Ronson canadesi non furono destinati all'impiego operativo. Library Archives Canada

▲ Un Wasp MK II. Due grandi serbatoi per la miscela infiammabile sono alloggiati nei compartimenti posteriori della cingoletta. Una lancia di nuovo tipo è installata nel compartimento del mitragliere. Questa variante fu prodotta dall'agosto 1943 al giugno 1944. Collezione privata

▲ Le cingolette Wasp realizzate in Canada sono riconoscibili dal grande serbatoio per la miscela infiammabile, collocato posteriormente. Alcuni esemplari di MK IIC, compreso quello qui illustrato, ricavato dalla conversione di un Universal MK I, furono impiegati dalla 2ª Divisione neozelandese nel corso dell'offensiva finale alleata nella Pianura Padana. Sesto Imolese (vicinanze di Bologna), 16 aprile 1945. A. Turnbull Library

▼ Un Wasp MK IIC appartenente al 4th Battalion (Wiltshire Regiment), 129ª Brigata, 43ª Divisione di Fanteria britannica (Wessex), distrugge le baracche del campo di concentramento di Bergen-Belsen, liberato il 15 aprile 1945. Bassa Sassonia (Germania), primavera 1945. Collezione privata

▲ Un Wasp MK IIC in servizio presso il reggimento Les Fusiliers Mont-Royal, 6ª Brigata, 2ª Divisione di Fanteria canadese, fotografato a Beilen (provincia di Drenthe, Olanda) il 12 aprile 1945. Un dispositivo lanciafumogeni a otto canne di fattura canadese è visibile sulla piastra inclinata anteriore del cingolato. Nationaal Archief

▼ Un sistema di corazzature addizionali, noto come 'plastic armour', riveste le superfici verticali del vano anteriore di questo Wasp MK IIC. Library Archives Canada

▲ I grandi serbatoi posteriori di due Wasp MK IIC vengono riempiti con miscela infiammabile. Entrambe le cingolette qui illustrate presentano la cosiddetta 'plastic armour'. Tali corazzature addizionali venivano applicate, internamente ed esternamente, sulle piastre verticali che delimitavano il vano anteriore del mezzo. Collezione dell'autore

▼ Due Wasp MK IIC del 9° Battaglione Fucilieri, 3ª Brigata di Fanteria, 1ª Divisione Corazzata polacca. Il mezzo a sinistra è basato su un Universal Carrier MK II, quello a destra su un Universal Carrier MK III. Narodowe Archiwum Cyfrowe

▲ Un gruppo di civili olandesi festeggia la liberazione della propria città a bordo di un Wasp MK IIC del 7° Reggimento Esplorante (17th Duke of York's Royal Canadian Hussars), 3ª Divisione di Fanteria canadese. Zwolle (Olanda), Aprile 1945. Library Archives Canada

I LOCAL PATTERN CARRIERS AUSTRALIANI E NEOZELANDESI (LP1 E LP2)

Sia l'Australia sia la Nuova Zelanda realizzarono versioni locali di Carrier, basate su cingolette Bren No 2 MK I importate dalla Gran Bretagna. Dal primo progetto scaturì un mezzo costruito con piastre corazzate rivettate, il Carrier, Machine Gun (Aust) LP1, introdotto nel 1940. Diversamente dal suo omologo britannico, il cingolato australiano presentava una piastra obliqua anteriore maggiormente inclinata, al fine di favorire l'alloggiamento di due leve direzionali in sostituzione del volante di guida.

L'armamento principale era sovente costituito da una mitragliatrice Vickers raffreddata ad acqua, montata su un supporto situato in corrispondenza dell'apposita feritoia presente nel compartimento del mitragliere. Due casse di stivaggio, poste l'una al di sopra dell'altra, furono collocate sul lato destro dello scafo. Gli stabilimenti della Victorian Railways di Melbourne produssero circa 160 esemplari di LP1, la maggior parte dei quali fu impiegata in Australia a scopi addestrativi. Alcune cingolette di questo tipo furono comunque trasferite in Medio Oriente (Siria, Palestina, Egitto) ed ivi utilizzate dalle truppe australiane.

Il Bren No 2 MK I di produzione neozelandese era invece un veicolo non protetto, costruito con piastre in acciaio dolce. Questo cingolato assomigliava moltissimo al Bren Carrier britannico, con il quale condivideva il sistema di guida. I successivi modelli prodotti in Australia a partire dal 1941, noti come Carrier, Machine Gun (Aust) LP2 e LP2A, erano strutturalmente più simili all'Universal Carrier. Victorian Railways, South Australian Railways, Metropolitan Gas Company, Ford e State Engineering Works furono i cinque produttori di questi veicoli. Le due varianti erano tuttavia pressoché indistinguibili, poiché esteriormente i loro scafi a piastre saldate apparivano del tutto identici. L'unica differenza risiedeva infatti nel tipo di assale posteriore adottato (modello 1938 sui Carrier LP2, modello 1940 sui Carrier LP2A). Allo scopo di ovviare al surriscaldamento del motore, una grande presa d'aria fu installata al di sopra della paratia che divideva i compartimenti posteriori dalla sezione anteriore del cingolato. Cinque contenitori per equipaggiamento vario vennero collocati posteriormente sullo scafo. Durante la guerra, questi mezzi corazzati furono principalmente impiegati in Australia, Malesia e Nuova Guinea.

I Carrier LP2 e LP2A di produzione neozelandese erano sostanzialmente delle copie dei mezzi australiani. Su tali cingolette, designate Carrier, Machine Gun LP2 e LP2A (NZ), fu in seguito alloggiato un fucile mitragliatore Bren. Uno scafo allungato di un LP2 australiano servì come base per la realizzazione del cosiddetto Carrier, Anti-tank 2 pdr (Aust), un veicolo armato con un cannone anticarro da 40 mm installato su una piattaforma girevole situata sulla sezione posteriore dello scafo. Tale modifica fu resa possibile dallo spostamento del motore, riposizionato in avanti, alla sinistra del compartimento del pilota.

Un'altra versione del cingolato LP2 fu il Carrier, 3in Mortar (Aust). Si trattava di una cingoletta che sfruttava lo scafo del veicolo anticarro sopra descritto, equipaggiata con un mortaio da 76 mm azionabile dalla piattaforma inizialmente progettata per il cannone da 40 mm.

▲ Militari australiani si addestrano su un Carrier, Machine Gun (Aust) LP1. La piastra obliqua sulla sezione frontale del cingolato è fortemente inclinata a causa della presenza delle leve direzionali nel compartimento del pilota. L'eccessivo surriscaldamento del motore e la rapida usura del sistema frenante costituivano i principali difetti di questi veicoli. Australian War Memorial

▼ Vista laterale destra di un Carrier, Machine Gun (Aust) LP1. Notare i rivetti presenti lungo le giunzioni tra le piastre dello scafo e le due caratteristiche casse di stivaggio. Le cingolette prodotte in Australia montavano rulli provvisti di nervature di rinforzo lungo i raggi. Australian War Memorial

▲ Un Bren Carrier No2 MK I di produzione neozelandese. Questi cingolati utilizzavano il medesimo sistema di guida dei Bren Carrier britannici. Collezione privata

▼ L'equipaggio di un Carrier, Machine Gun (Aust) LP2 fa visita`al mitragliere di coda di un bombardiere statunitense prima di un'incursione su obiettivi giapponesi. Nuova Guinea, 1942. Australian War Memorial

▲ Vista laterale sinistra di un Carrier, Machine Gun (Aust) LP2. Australian War Memorial

▼ Un Carrier, Machine Gun LP2 (NZ) fotografato durante una dimostrazione. La General Motors New Zealand produsse 520 cingolette di questo tipo. A. Turnbull Library

▲ Un Carrier, Anti-tank 2 pdr (Aust). Si tratta di un veicolo di tarda produzione poiché dispone anteriormente di due prese d'aria. Questi cingolati furono impiegati unicamente a scopi addestrativi. Australian War Memorial

▼ Vista ravvicinata del Carrier, Anti-tank 2 pdr (Aust). Il cannone anticarro da 40 mm era montato su una piattaforma girevole. Australian War Memorial

▲ Un Carrier, 3in Mortar (Aust). Nonostante fosse possibile azionare il mortaio dalla piattaforma girevole posizionata sulla sovrastruttura, questi mezzi trasportavano sul fianco sinistro una normale piastra d'appoggio, indispensabile per utilizzare l'arma da terra. Le munizioni erano stoccate lungo i fianchi del compartimento posteriore. Australian War Memorial

•

▼ Vista di tre quarti posteriore del Carrier, 3in Mortar (Aust). Si osservi la protezione dei contenitori per equipaggiamento vario disposti ad arco sul retro della cingoletta. I 400 Mortar Carrier realizzati in Australia furono inviati all'estero in appoggio a varie formazioni alleate. Australian War Memorial

PROTOTIPI, VARIANTI SPECIALI E MODIFICHE CAMPALI

Concludiamo questo volume sulle cingolette britanniche con una rapida rassegna di importanti prototipi, varianti speciali e modifiche campali che raramente ebbero l'occasione di essere impiegati operativamente. Si tratta di cingolati destinati a ricoprire i più disparati ruoli, equipaggiati con armamenti e attrezzature di varia natura: pezzi di artiglieria, torrette, lame di sbancamento, sezioni di ponti, passerelle, strumentazioni per il galleggiamento e dispositivi sminatori. Molti furono gli sforzi diretti a convertire i Carriers in agili cannoni semoventi. Un primo tentativo in tale direzione condusse all'installazione di un cannone anticarro Vickers calibro 40 mm sul VA D50, prodotto nel 1934. Poco tempo dopo, fu realizzato un nuovo mezzo, esplicitamente destinato ad operare contro i corazzati avversari, basato sullo scafo del Machine Gun Carrier. Costruito con piastre in acciaio dolce, fu armato con un pezzo anticarro a brandeggio limitato, sempre da 40 mm, protetto da una scudatura fissa.

Dal canto loro, i canadesi decisero di produrre un centinaio di cacciacarri, montando cannoni da 40 mm su cingolati Universal MK I*. Tali veicoli divennero tuttavia obsoleti ancor prima di poter essere spediti sui campi di battaglia poiché al momento dell'entrata in servizio, il loro armamento era ormai divenuto incapace di perforare le spesse protezioni dei corazzati avversari. Anche il Loyd Carrier servì da base per lo sviluppo di semoventi contraerei e controcarri ma tali progetti non superarono mai la fase del prototipo.

I tedeschi catturarono vari esemplari di Carrier, alcuni dei quali furono convertiti in semoventi leggeri e utilizzati anche in funzione anticarro. Il Praying Mantis (mantide religiosa) fu indubbiamente uno dei più spettacolari derivati dell'Universal Carrier. La versione definitiva di questa cingoletta britannica, basata sullo scafo di un MK I, presentava una struttura corazzata mobile che accoglieva al proprio interno due uomini, un pilota e un mitragliere deputato ad azionare due Bren sistemati in una piccola torretta. Elevando siffatta struttura, il mezzo era in grado di fare fuoco oltre vari tipi di ostacoli senza esporre gran parte della propria sagoma.

Il Conger MK I era un dispositivo sminatore trasportato all'interno di un Universal Carrier privato del proprio motore e quindi necessariamente trainato da un altro veicolo.

L'apparecchiatura era costituita da un serbatoio riempibile con un liquido esplosivo a base di nitroglicerina e da un lanciatore atto a scagliare un razzo collegato a un tubo lungo circa 300 metri, all'interno di un campo minato. Una volta giunto a destinazione, il tubo era riempito con l'esplosivo che veniva in seguito fatto detonare per bonificare il terreno dalle mine.

Il Conger, utilizzato esclusivamente dalla 79ª Divisione Corazzata britannica presso Calais nel settembre 1944, fu rapidamente abbandonato perché ritenuto troppo pericoloso. Nonostante si tratti di un cingolato estraneo alla famiglia dei Carrier in senso stretto, è opportuno citare in questa sede anche l'Armoured Snowmobile, se non altro perché aveva qualcosa in comune con il T16, l'assale collegato agli altri organi della trasmissione.

▲ Il VA D50 armato con un cannone anticarro Vickers da 40 mm. Questo cingolato non fu mai impiegato operativamente. Collezione privata

▼ Il Carrier, Anti-tank, 2 pdr fu realizzato sulla base del Machine Gun Carrier. Non fu mai utilizzato al fronte. Notare la riservetta per le munizioni situata sulla destra, all'interno del vano di combattimento. Il mezzo è dotato di protezioni squadrate per i fari anteriori. Collezione privata

▲ Un Universal Carrier MK I equipaggiato con un pezzo anticarro Hotchkiss calibro 25 mm, impiegato dalle truppe della Francia Libera in Africa settentrionale. Collezione privata

▼ Questo Universal Carrier MK I* monta un cannone anticarro da 40 mm sulla copertura del motore, protetto da uno scudo identico a quello del celebre pezzo da 57 mm, leggermente modificato. I contenitori delle munizioni sono collocati nella sezione posteriore del veicolo, principalmente lungo i fianchi dello scafo. Fu unicamente impiegato a scopi addestrativi. Library Archives Canada

▲ Un Universal Carrier MK I armato con un cannone anticarro calibro 28 mm sPzb.41 (schwere Panzerbüchse 41), in servizio presso un reparto tedesco. Il mezzo, pur essendo passato di mano, ha conservato la propria originale mimetica 'Caunter' a tre toni. Dintorni di Bengasi (Libia), 1942. Collezione privata

▼ Un Universal Carrier MK I, della 3ª Divisione Panzergrenadier equipaggiato con tre Panzerschreck e quattro Panzerfaust. I cingolati di produzione britannica catturati dai tedeschi e dotati delle temibili armi portatili anticarro, furono designati dai tedeschi come 8,8 cm Panzerschreck-Raketen auf Bren Carrier (e). Italia, 1944. Bundesarchiv

▲ I Carrier catturati in Africa settentrionale ispirarono due progetti italiani volti a riprodurre camionette cingolate impiegabili per la ricognizione e il trasporto. Si trattava del CVP-5, basato sul carro armato leggero L6/40 di produzione nazionale e del CVP-4 qui illustrato, provvisto di carrelli a due rulli simili a quelli installati sui cingolati britannici. Questi mezzi non furono mai impiegati operativamente. Collezione privata

▼ Genieri neozelandesi si accingono a sperimentare un Universal Carrier MK I dotato di dispositivi per il galleggiamento. Fiume Nilo, zona di Maadi (Egitto), agosto 1943. A. Turnbull Library

▲ Diversi Universal Carrier utilizzati dai canadesi in Europa nordoccidentale furono equipaggiati con ben 14 lanciagranate anticarro PIAT, disposti su speciali rastrelliere fissate sul retro dei cingolati. Library Archives Canada

▼ Un dispositivo antimine Conger installato sullo scafo di una cingoletta (probabilmente un Mortar Carrier MK I) trainata da un carro armato Churchill AVRE (Armoured Vehicle Royal Engineers). I Conger MK I giunsero in Europa nordoccidentale nel settembre del 1944. Collezione privata

▲ La struttura corazzata che accoglieva i due membri dell'equipaggio del Praying Mantis era in grado di fornire una posizione di tiro decisamente elevata. Questo singolare cingolato non vide mai il battesimo del fuoco. Collezione privata

▼ In assetto di marcia, la struttura corazzata del Praying Mantis era normalmente mantenuta in posizione quasi orizzontale. I due fucili mitragliatori Bren potevano essere rimossi dalla torretta ed essere azionati da terra. Collezione dell'autore

▲ Un Universal Carrier MK I equipaggiato con un dispositivo progettato per la posa di una passerella atta ad agevolare l'avanzata delle fanterie in presenza di ostacoli quali sbarramenti di filo spinato o terreni cedevoli. Collezione privata

▼ Il 'Tugboat' era un veicolo sperimentale derivato dal T16, progettato per trasportare con maggiore sicurezza uomini e materiali. Grazie al particolare treno di rotolamento, caratterizzato da cingoli a due sezioni affiancate su ogni lato, questo mezzo esercitava una minore pressione al suolo ed era così in grado di neutralizzare la minaccia rappresentata dalle mine anti-uomo. Library Archives Canada

▲ Questa fotografia mostra uno dei tre Armoured Snowmobile MK I ricevuti dall'Unione Sovietica. Lo Snowmobile MK I era un veicolo corazzato capace di affrontare i più insidiosi terreni innevati, fangosi e sabbiosi. Fu sperimentato all'inizio del 1945 in Italia dalla 5ª Brigata Corazzata canadese. Collezione privata

▼ Un Carrier, Tracked, CT20 (informalmente conosciuto come Oxford Carrier MK I), con un cannone anticarro da 76,2 mm al traino, fotografato in Germania nel dopoguerra. Sebbene sperimentato nel ruolo di trattore di artiglieria, il CT20, giustamente considerato come l'ultimo discendente della famiglia dei Carrier britannici, non divenne operativo prima della fine della guerra. Library Archives Canada

BIBLIOGRAFIA

LIBRI

- Brojo P., *"Loyd Carrier MK I/MK II"*, Capricorn Publications, 2014.

- Chamberlain P., D. Crow, *"Carriers"*, Profile Publications Ltd., 1970.

- Chamberlain P., C. Ellis, "Making Tracks – British Carrier Story, 1914 to 1972", Profile Publications Ltd., 1973

- Fletcher D., *"Universal Carrier 1936-48, The Bren Gun Carrier Story"*, Osprey Publishing Ltd., 2005.

- Icks R., *"Carden Loyd MK. VI"*, Profile Publications Ltd., 1967.

- Pignato N., *"Le cingolette dell'E.I. - L'Universal in Italia"*, Centro Ricerche Storiche, 2008 [PDF].

- Watson N., *"Universal Carriers – Vol. 1"*, Nigel Watson, 2007.

- Watson N., *"Universal Carriers – Vol. 2"*, Nigel Watson, 2008.

- Watson N., *"Universal Carriers – Vol. 3"*, Nigel Watson, 2011.

MANUALI MILITARI

- Mechanization Pamphlet No. 7, Australian Military Forces, *"Carriers, Machine Gun LP., Nos. 2&2A – Description, Operation And Maintenance"*, Automotive Engineering Panel, Ministry Of Munitions, 1941

- *"Carriers: Service Instruction Book"*, Chilwell Catalogue No 63/63, 1944.

- *"Carrier Universal MK I* and MK II* - Illustrated Parts Catalogue 1941-4"*, Ford Motor Company of Canada Ltd., 1944.

- *"Loyd Carriers: Service Instruction Books"*, Chilwell Catalogue No. 63/68, 1944.

- Technical Manual 9-746 *"Universal Carrier T16"*, War Department, 11 August 1943.

TITOLI PUBBLICATI - ALREADY PUBLISHING

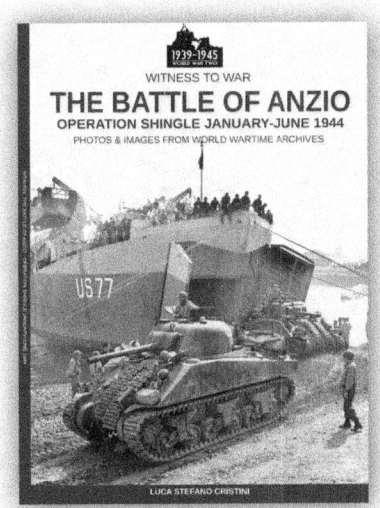

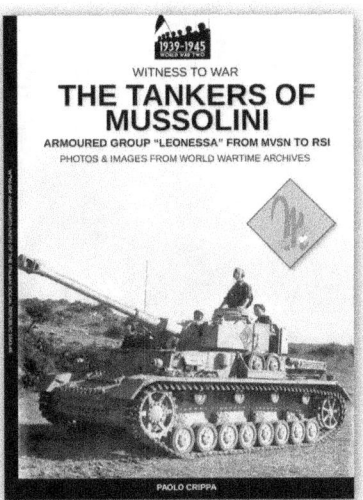

BOOKS TO COLLECT